AF331233

C.

31319

DICTIONNAIRE

DES

ARMÉES DE TERRE

OU

RECHERCHES HISTORIQUES 969

sur l'Art et les Usages militaires des anciens et des modernes,

PAR

le général baron BARDIN.

DEUXIÈME ARTICLE.

Dans le précédent article (1), nous avons examiné les trois premiers volumes de l'excellent Dictionnaire de M. le général Bardin. Nous avons fait quelques citations pour donner une idée de la manière de l'auteur, pour prouver combien cet ouvrage offre de renseignements, non-seulement aux militaires, mais aux savants et aux littérateurs ; il nous reste à examiner les 4e, 5e et 6e volumes qui sont également publiés.

Plus nous avançons dans la lecture de cette encyclopédie, et plus nous regrettons qu'elle n'ait pas paru plus tôt et que sa publication ne marche pas plus rapidement. Combien de

(1) Voir le Journal des Sciences militaires de juin 1844.

1844

recherches fatigantes, combien de travaux longs et difficul-
tueux elle eut épargnés à tous ceux qui s'occupent de la science
militaire. Nous avons pu apprécier déjà, par nous, de quelle
immense utilité sera cet ouvrage.

Il y a peu de temps, nous voulûmes nous assurer de quelques
dates et de quelques faits sur les carrousels. Pour trouver ces
renseignements, nous fûmes obligés de feuilleter plusieurs
poudreux volumes. Si nous eussions eu en notre possession le
Dictionnaire de l'Armée, une demi-heure nous eût suffi pour
trouver ce que nous cherchions. Dans une foule de circonstances, avec ce livre seul, on aura sous la main toutes les dates
et tous les faits qui seront nécessaires.

L'article *carte*, offre une histoire complète de l'origine et
des progrès de cette branche essentielle de la géographie.
L'art de représenter fidèlement, dans un cadre étroit, tous les
accidents naturels d'un pays, d'y retracer clairement tous les
travaux des hommes, est tout nouveau encore. L'antiquité ne
nous a laissé que de grossiers itinéraires où les situations des
lieux, les directions et les distances sont privées de toutes
preuves scientifiques; ce sont bien plutôt des reconnaissances
militaires faites à vue d'œil, pour éclairer la marche des
armées, que les levées trigonométriques d'une contrée.

Le levé du plan était à peine connu au xviie siècle. A la fin du
xviiie les cartes ne consistaient encore qu'en de simples traits
qui marquaient les contours principaux des pays; mais rien n'y
indiquait les accidents de terrain, les hauteurs, les pentes,
les cultures, etc. Ce fut sous l'empire qu'on parvint à représenter exactement une certaine étendue de terrain. Les nombreuses
nécessités de la guerre amenèrent de rapides progrès dans
l'art de la topographie. C'est surtout aux travaux des officiers
du dépôt de la guerre que la France doit les précieux rensei-

gnements qu'elle possède sur toutes les parties du monde.

L'article *Caserne* se rattache si étroitement à la santé et au bien-être des soldats, qu'il offre un vif intérêt. Jusqu'à nos jours, on s'est trop peu occupé de cette partie essentielle de l'art militaire. La construction des casernes, abandonnée à des gens qui connaissaient peu les besoins de la vie militaire, est généralement imparfaite et mal entendue sous une foule de rapports; dans cette œuvre on s'est à peine occupé de la question hygiénique, et cependant c'était la plus importante. Nous reviendrons sur cette question dans un moment plus opportun.

Le général Bardin donne plusieurs renseignements fort curieux sur les casernes de l'antiquité. Les Phéniciens, les Grecs et les Romains avaient élevé dans leurs principales cités de belles et nombreuses casernes. Carthage pouvait loger 20,000 piétons, 4,000 cavaliers montés et 350 éléphants. Rome désignait ses édifices militaires sous le nom de *Castra*. Il reste peu de vestiges de ceux que les Romains construisirent sur les divers points de l'empire; il est difficile, par conséquent, d'apprécier aujourd'hui leur mode de casernement. Cependant, d'après les descriptions que nous ont laissées quelques écrivains, on peut croire que les soldats romains étaient plus commodément logés que les nôtres. Le *Castrum* découvert à la fin du 18e siècle à Pompéi est le seul édifice de ce genre qui soit arrivé jusqu'à nous à peu près intact.

L'usage des casernes se continua en orient, mais il se perdit peu à peu en occident après la chute de l'empire. Les rois Franks des deux premières races n'avaient pas d'armée permanente; hors les temps de guerre, ils ne conservaient que quelques hommes-d'armes, comme garde personnelle. Si quelques désordres civils, quelques insurrections de seigneurs

4

ou de villes les forçaient à rassembler des troupes, ils les logeaient, comme le peuple, dans de misérables bouges : on ne s'occupait guère alors de la santé des manans, soldats ou paysans.

Sous Louis XIII, il fut ordonné que dans les lignes d'étape, les villes consacreraient quelques maisons au logement des hommes de pied ou de cheval. Enfin, sous Louis XIV, lorsque Vauban bâtit ou répara les places-fortes de France, on songea à élever quelques logements militaires. Mais l'armée royale n'était encore qu'une grossière agglomération de mercenaires que les Rois et les seigneurs estimaient beaucoup moins que leurs chevaux et leurs chiens ; aussi à Versailles, à Chantilly, les animaux avaient-ils des palais, et les soldats des chenils, des casemates humides et malsaines.

L'organisation sérieuse d'une armée nationale permanente, amena quelques améliorations dans le casernement des régiments ; mais l'usage du logement des militaires chez les habitants prévalut longtemps encore, excepté dans les villes frontières, où la présence continuelle de troupes nombreuses décida les bourgeois à élever, à leurs frais, des bâtiments pour les loger. L'une des premières casernes fut élevée à Metz, en 1730. D'Argenson en fit construire une à Paris en 1745, et onze autres vers 1764, mais sur des plans si défectueux, qu'elles manquaient de plusieurs choses de première nécessité et qu'elles devenaient, pendant les grandes chaleurs, de véritables foyers d'infection.

Les inconvénients d'un tel état de choses devinren t si graves, si apparents, que les rédacteurs de l'*Encyclopédie* et quelques journaux dénoncèrent à la France, en 1785, les vices du casernement de l'armée. En 1788, le conseil de la guerre ouvrit enfin les yeux, et proposa deux prix de 50 louis chacun, aux meilleurs mémoires qui seraient faits sur les améliorations à apporter dans cette partie de la science militaire. Plusieurs mémoires furent remis en 1789 : mais cette proposition n'eut aucune suite. Quelques écrivains se sont depuis occupés de cette importante question ; M. le général Bardin, le capitaine du génie Belmas, entr'autres, sans obtenir plus de résultats. L'empire et la restauration passèrent sans faire autre chose que de légères améliorations de détail, et cependant plusieurs militaires avaient proposé, de 1820 à 1830, des projets de beaucoup supérieurs à ce qu'on avait exécuté jusqu'alors.

On éleva en Prusse, en 1835, quelques casernes vastes, aérées et très commodément distribuées. Cette notable amélioration éveilla l'attention en France et donna lieu à de nouveaux écrits. M. le lieutenant-général Préval, traita cette question avec cette supériorité de jugement qu'il sème partout ; M. le lieutenant-général Oudinot donna quelques excellentes idées sur le casernement de la cavalerie. Les chevaux seuls ont reçu jusqu'à présent de réelles améliorations à leur position. Le casernement des hommes est encore, à peu de chose près, ce qu'il était à la fin du XVIII⁰ siècle. Les casernes sont, en général, dans un état déplorable et manquant de tout ce qui peut en rendre le séjour agréable et commode.

Le général Bardin termine cet important article par la description d'une caserne modèle. Il serait à désirer que le plan de l'auteur fut exécuté sur un point comme essai ; car il est indispensable, en fait de casernement, d'entrer dans la voie des améliorations.

Le mot *cavalerie*, embrasse l'histoire complète de cette arme depuis la plus haute antiquité jusqu'à nous. La Chine, les Indes, la Perse, l'Egypte apparaissent d'abord avec leur

6

troupes d'éléphants dressés, avec leurs chameaux, leurs chars
armés, leurs nombreux cavaliers; puis viennent les Grecs,
les Scythes, presque tous cavaliers, les Romains, puis les
Germains et les Francks qui viennent s'implanter dans la Gaule
et fonder la France nouvelle. L'auteur trace ensuite l'historique de la cavalerie Francaise. Le lecteur trouvera dans cet
article, plein d'intérêt, une foule de faits qu'on ne rencontre
que par parcelles dans un grand nombre de livres. Tactique,
campagne, manœuvres, uniformes, organisation, service intérieur et en affaires où la cavalerie a brillé, rien n'a été
oublié par le consciencieux écrivain.

L'article *chant militaire* nous à semblé un peu court. L'auteur aurait pu s'étendre et dire d'excellentes choses sur ce
sujet. On délaisse trop aujourd'hui les chants militaires. Les
anciens, qui savaient tout aussi bien que nous ce qui anime
les hommes, ce qui excite en eux l'ardeur des combats, en
faisaient un grand usage. La voix humaine est en effet le plus
harmonieux de tous les instruments, celui qui va le plus rapidement à l'âme, et qui fait naître en elle les émotions les
plus vives.

Toutes les nations de l'antiquité avaient leurs chants de
guerre. Cyrus entonne lui-même l'hymne du combat à Tym-
brée. Les chefs athéniens et lacédémoniens adressaient à
Mars, avant de combattre, une prière que toute l'armée
répétait en chœur. Les chants de Tyrthée, soutenus des
lyres athéniennes, contribuèrent plus d'une fois à la victoire.
Les Romains eurent aussi leurs chants de guerre. Les Gaulois et
les Germains avaient leurs bardes, dont ils répétaient les refrains
guerriers. Toutes les hordes qui envahirent l'empire romain
ne marchaient et ne combattaient qu'au bruit des chants. Aujourd'hui encore on retrouve chez les peuples qui touchent à

la barbarie les chants de combat, de victoire et de sacrifice. Partout enfin, comme harmonie militaire, la voix humaine a précédé l'emploi des instruments de musique.

Notre pays a brillé de tout temps entre toutes les nations pour la beauté de ses chants militaires, la Gaule antique par l'énergie cadencée de son *Barditus*, la France du moyen-âge par les chansons Franco-Teutones, recueillies ou composées par Charlemagne.

La seule de ces chansons héroïques qui soit venue jusqu'à nous, est celle de Roncevaux : elle resta en usage jusqu'au XIVe siècle. Sous les premiers rois de la 3e race, on ne commençait jamais un combat, dit Velly, que dix ou douze grosses voix n'eussent entonné la chanson de Roland. Lors de la conquête d'Angleterre par les Normands, à la bataille de Hastings, Guillaume fit chanter en chœur, par toute l'armée, la chanson de Roland. De la langue franço-teutone, ce chant passa dans la langue romane et pénétra en Espagne. La chanson de l'Homme armé succéda au chant de Roncevaux. Elle devint bientôt européenne, et son motif musical a servi de thème à plus de deux cents morceaux de musique en Italie, en Allemagne, etc.

L'usage des instruments fit oublier peu à peu les chants. Sous la 3e race tout devint calme et régulier ; les soldats marchèrent au feu au son des tambours, des trompettes ou des musiques militaires. Ils y marchèrent bravement, mais sans enthousiasme. Les guerres alors n'avaient pas un motif social, un but noble et grand ; on se battait pour des querelles de cabinet, pour des amours propres froissés, pour des riens ; mais la révolution de 1789 éclata, et le génie de la France se ranima. La guerre eut un motif alors, un motif digne d'une grande nation. Il s'agissait de défendre la civilisation, le progrès, la liberté.

8

Aux premiers coups de canon, l'imagination poétique et guer-
rière de la France sortit de sa léthargie; quatorze armées se
levèrent tout-à-coup, et la *Marseillaise* naquit pour les con-
duire à la victoire. Nul n'a oublié encore les merveilleux
effets de cet hymne.

L'empire eut aussi ses chants militaires, ils furent nobles
et grands comme toutes les choses de cette glorieuse époque.
La restauration, qui voulait détruire jusqu'au souvenir historique de la république et de l'empire, repoussa comme sé-
ditieuses toutes leurs poésies militaires; elle voulut les rem-
placer par des cantiques ; elle marchait rapidement vers ce
but quand éclata la révolution de juillet. Aux hymnes sacrées
succédèrent alors de nouveaux chants militaires ; la *Parisienne*
parut aux derniers coups de canon des Trois Journées. Bientôt, comme par une secousse électrique, la *Brabançonne*
et la *Varsovienne* naquirent au milieu de circonstances sem-
blables. Il n'est pas de révolution sociale sans poésie.

Aujourd'hui, que nous sommes heureusement dans le calme
extérieur et intérieur, aujourd'hui que les passions politiques
cherchent une issue pacifique, que les haines inter-nationales
s'appaisent devant l'intérêt mieux compris de l'humanité et
de la civilisation, les chants militaires sont généralement
abandonnés; la Russie seule, parmi les nations européennes,
a conservé l'usage des chœurs de chanteurs. On a tort de
négliger entièrement en France ce moyen d'excitation : on
peut en avoir besoin d'un instant à l'autre; et puis, nous le
croyons du moins, l'habitude, chez les soldats, d'unir harmo-
nieusement leurs voix, d'exprimer ensemble des sentiments
élevés, des passions généreuses, doit les lier plus intimement
de cœur et de pensées.

L'article *chevalerie* est un résumé parfait de tout ce qui

concerne cet ordre depuis son origine jusqu'à nous. La chevalerie a été une utile institution ; si elle a engendré quelques abus, elle a aussi été la source d'une foule de belles et bonnes actions. Née au milieu d'une société où la force brutale régnait en despote, où le fort accablait le faible, où la femme était esclave, elle a défendu le faible et la femme; au temps où tout était grossier, où l'esprit de guerre et de lutte se mêlait à tout, la chevalerie a contribué à polir les mœurs, elle a ennobli le courage en lui donnant une utile direction; il ne faut, en rien, voir exclusivement le mauvais côté des choses.

Les *chiens de guerre* prennent aussi place dans le *Dictionnaire de l'armée*. Ces animaux ont rendu d'assez grands services dans quelques cas, pour qu'on s'occupe d'eux. Si les chiens du Capitole se laissèrent surprendre une nuit par le sommeil, si la vigilance des oies, sauva ainsi, cette fois, la citadelle de Rome de l'attaque des Gaulois, il est des milliers d'exemples qui témoignent de leur activité, de leur intelligence, et de la finesse de leur sens.

Les chiens de guerre étaient en grand usage dans l'antiquité. Tous les généraux grecs avaient des corps de chiens. Aliates, roi de Lydie, dans la guerre contre les Cimmériens, avait, comme auxiliaires, d'énormes chiens qui chargeaient si vigoureusement l'ennemi les jours de bataille, qu'ils le mirent plusieurs fois en fuite. Philippe, envahissant le pays montueux et boisé des Arbéliens, avait une troupe de chiens, dressés à débusquer et à chasser les barbares de leurs fourrés. Pline regarde les chiens de guerre comme de très utiles auxiliaires ; leur secours est d'autant plus précieux, dit-il, que ces soldats, une fois engagés, ne fuient jamais, et ne sont nullement exigeants sous le rapport des honneurs, de l'avancement et de la solde. Parmi eux, point d'intrigues pour obtenir un

10

grade aux dépens d'un camarade, point de folle ambition, ils n'ont qu'un sentiment, celui de leur devoir ; ils n'ont, après l'avoir bravement accompli, qu'un seul désir, celui d'apaiser convenablement leur faim.

Le moyen-âge conserva, dans certaines occasions, l'usage des chiens de guerre. Les Suisses dûrent en grande partie leur victoire de Morat à une charge de chiens faite à propos contre les Bourguignons. L'histoire d'Angleterre parle souvent des hauts faits des chiens d'Ecosse. Les rois d'Ecosse se servaient de ces intelligents et braves animaux pour faire la guerre aux Clans révoltés. Henri VIII, roi d'Angleterre, envoyant une armée auxiliaire à Charles-Quint, pour combattre François Ier, y joignit 400 chiens anglais qui passèrent à la solde du monarque espagnol. La conquête de l'Amérique, par les Espagnols, est due surtout aux troupes de chiens qui accompagnaient ces hardis aventuriers. Ils rendirent de si grands services dans les guerres du Mexique, du Pérou, etc., que le gouvernement d'Espagne leur alloua une solde régulière, comme aux soldats. Quelques-uns de ces guerriers quadrupèdes se signalèrent par de tels exploits que leur nom devint illustre. Les annales espagnoles citent surtout le dogue Berécillo. Il recevait deux réaux par mois en récompense *de ses bons et loyaux services.*

Au XVIe siècle, l'armée piémontaise avait des chiens divisés en bandes de deux cents ; ils lui étaient très utiles dans la guerre de montagne. Au XVIIIe siècle, les Turcs se servirent avec beaucoup d'avantages de ces animaux dans leur guerres contre les Autrichiens. Ils en avaient encore en 1810 dans la guerre contre les Russes. Dans l'expédition de Saint-Domingue, les Français essayèrent l'emploi des chiens, mais le mauvais choix de l'espèce fit échouer cette tentative. On renouvela cet essai dans la première guerre d'Espagne ; les chiens rendirent de véritables services surtout comme védettes dans les places fortes ou dans les bivouacs. La guerre d'Afrique a donné lieu à un nouvel emploi des chiens de guerre. En 1836, on dressa une quarantaine de chiens des environs de Bougie à annoncer l'approche de l'ennemi, à éventer les embûches et à tenir en éveil les sentinelles. Ces auxiliaires nous seraient fort utiles dans une guerre de ruses et d'embuscades, comme celle de l'Algérie. Les chiens de Bougie ont été si facilement dressés qu'on pourrait obtenir les mêmes résultats sur d'autres points.

L'article *chirurgie militaire*, l'un des plus complets du Dictionnaire que nous examinons, sera lu avec fruit par les membres du corps de santé de l'armée, car il renferme une foule de faits peu connus.

La *stratothérapeutique*, ou le service de santé des armées, n'est vraiment organisé que depuis peu d'années. Dans l'antiquité, chez les Grecs par exemple, la chirurgie militaire n'était qu'un art grossier mêlé de pratiques superstitieuses. Au siége de Troie, où était réunie l'élite de la Grèce, on ne savait encore qu'arrêter les hémorrhagies, panser les plaies simples et appliquer quelques topiques. La médecine, proprement dite, était si complètement ignorée alors, qu'une épidémie ayant ravagé le camp grec, les chefs, au lieu de s'adresser à Machaon et à Podalire, fils d'Esculape, consultèrent le devin Calchas.

La Grèce cependant ne tarda pas à sortir de cette ignorance. Héritière de la civilisation de l'Orient , elle travailla avec succès au développement des sciences et elle ne négligea pas la médecine. Les armées grecques eurent enfin des *Keirourgia* (χειρουργια) dont quelques-uns laissèrent des noms célèbres. Rome, sortie de la barbarie, attira bientôt vers elle

12

toutes les connaissances de la Grèce. De la médecine militaire, les Romains cultivèrent surtout l'hygiène, ils cherchèrent à prévenir les maladies bien plutôt qu'à les traiter. Ils voulaient des soldats robustes et toujours dispos ; ils ne négligèrent rien pour arriver à ce résultat.

Lorsque l'empire romain succomba sous les efforts des Barbares, la science médicale disparut comme toutes les autres sciences. Les hordes Frankes et Germaines qui envahirent l'empire, ignorantes et superstitieuses, n'avaient confiance qu'en leurs myres ou prêtres ; ils leur abandonnaient leurs malades et leurs blessés. Ce ne fut qu'au xii° siècle, quand la monarchie eut pris quelque solidité , qu'on songea en France à recueillir les débris de la science antique. Ce fut chez les Arabes qu'on retrouva ces précieux restes.

Mais nous ne pouvons,dans un compte rendu,suivre l'auteur dans son savant historique de la médecine militaire ; le temps et l'espace nous manquent. Si nous voulions nous arrêter ainsi sur toutes les pages intéressantes de ce dictionnaire , à notre tour, nous ferions des volumes, et nous devons seulement effleurer rapidement les principaux articles. Par exemple, il nous est impossible de passer sous silence l'un des plus importants que l'auteur ait eu à traiter. Nous voulons parler du *Code militaire.* Nous devrions nous arrêter longuement sur ce grave sujet ; l'examiner sous toutes ses faces ; notre désir serait ici d'accord avec l'intention du général Bardin ; il a voulu appeler l'attention publique sur la nécessité de donner enfin à l'armée un code en rapport avec les institutions sociales, avec les mœurs de l'époque. Ce serait donc entrer dans ses vues, que d'examiner sérieusement cet article ; mais nous ne pourrions en dire ici que quelques mots ; ce serait tronquer la pensée de l'auteur, ce serait ne dire qu'une partie des choses.

Quand il s'agit d'une œuvre capitale, il faut l'examiner largement et sous toutes ses faces. Nous nous réservons donc le droit de traiter séparément cette grande question.

L'article *colonisation militaire* n'a peut-être pas reçu tout le développement qu'il mérite. Ce sujet n'entrait pas tout entier dans les vues de l'auteur. L'idée d'ntiliser les troupes, soit dans la fondation de colonies lointaines, soit dans la mise en culture des terres arides de la France, soit enfin dans l'exécution des grands travaux de l'Etat, cette idée n'est pas acceptée encore par tous les militaires. Un grand nombre d'officiers, par une suite des préjugés anciens contre le travail manuel, sont opposés systématiquement à l'application de l'armée aux œuvres d'utilité publique. M. le général Bardin était trop éclairé, il comprenait trop bien les véritables intérêts de la France pour partager ce préjugé absurde, seulement il n'avait pas assez profondément étudié cette question, pour sentir le besoin de la développer dans son excellent ouvrage. Cependant, dans le court aperçu qu'il donne sur les colonies militaires, on voit qu'il sent tous les avantages que peut retirer une nation de ce genre d'établissement. Mais résumons ce qu'il dit.

Une colonie militaire est une transplantation d'hommes destinés à former un noyau fixe de troupes et un état agricole, politique, alimenté au besoin par des recrues et entretenu par des mariages autorisés et favorisés. Plusieurs époques et plusieurs pays ont fourni des modèles de colonisations militaires. La plus grande partie de ces établissements ont réussi. De nos jours, la Suède doit surtout sa puissance à ses colonies militaires et à ses soldats travailleurs ; elle a ainsi une belle et bonne armée qui ne coûte rien et qui dote le pays d'ouvrages d'une grande utilité.

L'Autriche a repeuplé et fertilisé une vaste contrée avec des colonies militaires. Aujourd'hui, ce pays lui offre 70,000 hommes de bonnes troupes, et cela sans aucune charge pour le budget de l'état. La Russie a aussi de vastes et belles colonies militaires; des contrées arides et inhabitées sont devenues, en peu d'années, sous la main de soldats agriculteurs, de riches et populeuses campagnes où vivent dans l'abondance et au moyen d'un travail très modéré, plus de cent mille adultes, sans compter les femmes et les enfants. L'Etat trouve là, toujours prêts à marcher, 80,000 bons soldats; 27,000 enfants y reçoivent les bienfaits de l'instruction, et promettent de vigoureux soldats et d'honnêtes cultivateurs à l'Etat.

Ainsi cette question est résolue affirmativement chez trois nations. Toutes trois, depuis nombre d'années, recueillent de grands avantages du travail de leur armée. En France, cette question est encore en discussion. 350,000 hommes meurent d'ennui dans les garnisons; leur vigueur et leur intelligence s'usent et s'atrophient dans une vie oisive, et cependant la France a besoin de bras; elle a de nombreux et utiles travaux à exécuter; elle a dix millions d'hectares de terres en friche, elle a des routes à terminer, des chemins de fer à tracer, des rivières à améliorer, des canaux de navigation et d'irrigation à creuser; elle a des montagnes et des pentes à reboiser, des marais à dessécher, des villes à assainir, etc., et elle laisse dans une pénible et dangereuse inaction 350,000 bras, les plus robustes et les plus dévoués de la France.

Nous remarquons encore dans le volume que nous avons sous les yeux, les articles *colonne*, où l'auteur examine les diverses espèces de colonnes en usage en manœuvre et à la guerre; *combat*, qui embrasse tout ce qui se rapporte aux luttes armées; *commission*, où le général Bardin prouve que le style sarcastique ne lui est pas étranger, et qu'il sait manier l'épigramme et la plaisanterie tout aussi bien que les questions scientifiques les plus élevées. L'article *comte* éclaire une question nobilière obscure. Le titre de comte n'était, dans son origine, chez les Romains et chez les Byzantins, qu'un grade militaire. Les Franks le trouvèrent en usage dans la Gaule, et l'adoptèrent. Leurs descendants, profitant de la faiblesse des rois des deux premières races, ont fait un rang social, un privilége héréditaire d'une fonction temporaire. Les comtes gouvernaient une certaine étendue de territoire, une ville, comme aujourd'hui un général commande un département, un officier supérieur une ville; les comtes ont trouvé bon de se donner en toute propriété le territoire et ses habitants, qu'ils avaient mission de gouverner. Ceci ressemble beaucoup à une usurpation. Les Beys et les Pachas font encore ainsi en Turquie, quand ils en trouvent l'occasion. Telle est l'origine de la plupart de nos illustres familles nobiliaires. Ont-elles bien le droit d'être fières ?

Les articles *connétable, conscription, conseil* offrent aussi un grand intérêt. Sous le titre *corps d'intendance*, l'auteur donne un spirituel aperçu des empiètements continuels de ce cadre administratif, créé d'abord dans le but seul de régulariser et de centraliser la comptabilité de l'armée. Fondé en 1817 avec les débris des commissaires des guerres et des inspecteurs aux revues, ce corps s'est bientôt trouvé gêné dans le cercle où on l'avait placé : il le brisa pour s'en faire un plus large. Peu content de sa nouvelle organisation, il la refit une seconde et une troisième fois toujours en élargissant son champ d'action. Le corps de l'intendance en est aujourd'hui à sa sixième réorganisation, sera-ce la dernière? Se trouve-t-il bien enfin dans la douce et confortable position qu'il s'est faite ? Non, il veut plus encore qu'il n'a.

Le mot *croisade* occupe plusieurs colonnes. Cet article est un des mieux rédigés de cet ouvrage où tout est bien. L'auteur examine rapidement les causes des croisades; il en déduit très logiquement les avantages et les désavantages pour l'Europe. Cette réaction du christianisme contre le mahométisme donna à la civilisation de l'Europe un essor nouveau. L'Occident, tout barbare encore, recueillit dans l'Orient les débris des arts et des sciences antiques. Ces courses religieuses militaires eurent d'autres résultats encore; elles otèrent à la féodalité une partie de sa puissance et donnèrent au peuple un commencement d'influence sociale, en créant les milices des communes. Sous le rapport militaire, les croisades furent aussi fort avantageuses à l'Europe. Des restes de l'antique stratégie grecque et romaine existaient encore chez les Byzantins, que les Croisés visitèrent en passant; ils en rapportèrent quelques bonnes idées sur l'organisation des armées et sur la manière de faire la guerre. Enfin les croisades amenèrent d'immenses améliorations dans l'art de la navigation et donnèrent lieu à un développement considérable de la marine européenne. Après un coup d'œil général, l'auteur fait l'historique de toutes les croisades qui se succédèrent depuis 1096 jusqu'en 1383.

Le Dictionnaire de l'armée, donne, sur le mot *défense*, une série d'articles qui traitent de tous les genres de défenses. Ces articles sont de savants résumés de tout ce qui a été dit sur cet objet par nos généraux les plus distingués.

La partie du ministère de la guerre qu'on nomme *Dépôt de la guerre*, est le sujet d'un article plein d'intérêt et fort curieux. Ce dépôt fut fondé en 1688 ; il eût été mieux nommé archives de la guerre. Un grenier du château de Versailles fut destiné d'abord à recevoir les cartes, mémoires et papiers

qui n'étaient plus nécessaires au mécanisme journalier de
de l'Administration. Cet amas, grossi sans cesse par la cor-
respondance des généraux, etc., fut transféré, au commencement du xviiie siècle, à l'hôtel des Invalides. Il existait si peu
de cartes alors, qu'en **1744**, le maréchal de Saxe et le duc de
Richelieu, ne purent se procurer celles dont ils avaient besoin. En **1761**, ce dépôt fut reporté à Versailles. Dix ans
après, on y attacha des ingénieurs géographes, et cet établissement gagna beaucoup en importance et en utilité. En 1790,
il fut de nouveau transféré à Paris ; mais, dans ce mouvement
fait sans ordre, de nombreux et précieux documents furent
égarés.

Sous l'Empire, les archives de la guerre reçurent de no-
tables améliorations, et s'enrichirent considérablement de
tous les ouvrages, cartes, etc., recueillis dans les capitales
étrangères. Les officiers, attachés au dépôt de la guerre, ont
rendu de grands services à la science militaire, sans aucun
doute, mais ils auraient pu lui en rendre de bien plus grands
encore, si cet établissement eût subi une transformation dé-
sirée par les meilleurs esprits de l'armée ; s'il fut entré,
comme arsenal littéraire et scientifique, dans les attributions
d'une grande Académie militaire, où tous les travaux des
officiers eussent reçu une direction utile, où toutes les questions importantes auraient été discutées et résolues.

Aujourd'hui, le dépôt de la guerre n'est encore qu'une sorte
de catacombe où sont enfouis, sans ordre, une foule de mémoires d'une grande valeur, d'autographes précieux, de livres
rares, etc. Quant au personnel, c'est une aggrégation d'officiers de mérite, mais sans but commun ; c'est un collége de
mathématiciens et de géographes auxquels sont attachés des
écrivains, des graveurs, des traducteurs, etc.; mais cette réu-

18

nion d'hommes fort instruits, manque d'homogénéité ; il n'y a pas en elle unité de direction, unité de pensées, unité d'exécution ; il y a de nombreuses améliorations à faire sur ce point.

L'article *discipline* termine le 6e volume, le dernier dont nous ayons à rendre compte aujourd'hui. Cet article est un précis historique de la discipline militaire depuis l'antiquité jusqu'à nous. L'auteur remarque avec raison que la discipline s'est adoucie dans les armées en proportion directe du développement de la civilisation.

Le mot discipline a plusieurs fois changé d'acception. Dans l'antiquité, il embrassait en entier l'art de dresser les hommes de guerre, de les soumettre au frein nécessaire de l'obéissance, de leur apprendre à se mouvoir à un signal. La discipline comprenait donc la stratégie, la tactique, la subordination, la récompense et la punition. Son but était d'enseigner l'art de la guerre, de faire naître le zèle et le dévouement, et de les récompenser ; le châtiment des fautes ne s'y montrait qu'en dernière nécessité. Dans le moyen-âge, le mot discipline n'exprime plus que la haute et basse justice militaire exercée par les seigneurs féodaux sur leurs troupes. Plus tard, lorsque les armées royales se constituèrent, la discipline ne fut encore comprise que comme moyen de répression et de punition.

Aujourd'hui la discipline tend à reprendre son antique et véritable acception. La discipline française est paternelle sans faiblesse, mais elle néglige un peu trop le côté moral de son action ; elle punit peu, mais elle n'agit pas assez sur les sentiments et sur l'intelligence des soldats. Là, cependant, sont les plus sûrs moyens d'action. C'est en agissant sur le cœur et sur l'esprit qu'elle maintiendra surtout dans l'armée, la soumission, le zèle et le dévouement.

Nous ne pouvons clore cet article sans redire encore que le dictionnaire de l'armée est un ouvrage indispensable à tout officier qui veut connaître en entier tout ce qu'embrasse la science militaire; il ne sera pas moins utile aux savants et aux littérateurs, car à chaque instant ils touchent à des sujets qui sont du ressort de cette science. Le dictionnaire de l'armée leur évitera d'ennuyeuses recherches, et remplacera pour eux de nombreux livres.

Sèvres.—Imp. de M. CERF, rue Royale, 144.